UN

CONSEILLER

DRAMATIQUE

4° Z. Le Senne
1313

UN CONSEILLER DRAMATIQUE

M. J.-F. MAHÉRAULT

PAR

ERNEST LEGOUVÉ

DE L'ACADÉMIE FRANÇAISE

PARIS

TYPOGRAPHIE GEORGES CHAMEROT

19, RUE DES SAINTS-PÈRES, 19

1879

UN
CONSEILLER DRAMATIQUE

I

Le conseil joue un grand rôle dans l'art dramatique. Pourtant certains esprits absolus répètent volontiers aux jeunes auteurs : « Ne consultez pas trop ! Restez vous-mêmes ! Craignez qu'on ne porte atteinte à votre originalité ! » A quoi je réponds par l'exemple de Molière, consultant avec fruit, non-seulement sa servante, mais le prince de Condé. Quand les trois premiers actes de *Tartuffe* furent achevés, Molière les lut au Prince. « Il manque une scène dans votre pièce, Molière. — Laquelle, Prince? — On va vous accuser d'impiété; répondez d'avance à la critique en marquant la différence entre les faux et les vrais dévots. » De là naquit l'admirable tirade :

> Il est de faux dévots ainsi que de faux braves.

Il me semble que ce qui a été utile à Molière n'est inutile à personne. D'ailleurs les faits mêmes tranchent la question. On voit des poèmes, des romans, des livres d'histoire, de morale, de philosophie, arriver directement de l'auteur au public; mais pour les pièces de théâtre, combien d'examens préliminaires ne subissent-elles pas avant de se produire sur la scène? Les inspecteurs, les directeurs, les acteurs, les spectateurs des répétitions générales, les amis, sont autant de conseillers avec qui l'auteur discute, défend, défait, refait ses pièces. Interrogez les maîtres les plus habiles, ils vous diront tout ce qu'ils doivent au conseil. C'est sur le théâtre même, dans le feu des répétitions, qu'Émile Augier, un homme qui a des trouvailles de champ de bataille, a transformé son beau cinquième acte de *Gabrielle*. Labiche lit aux acteurs du Gymnase la *Poudre aux yeux;* le matin, la pièce avait trois actes; le soir, après la lecture, elle n'en avait plus que deux; l'impression des artistes avait éclairé l'auteur. J. Sandeau m'a souvent dit que les avis de M. Montigny avaient considérablement modifié le *Gendre de M. Poirier*. Le *Duc Job,* de Laya, était une comédie en cinq actes; on en a coupé un aux répétitions, et cet acte de moins aida fort au succès des quatre autres.

Parmi les divers conseillers, il en est un, que je voudrais étudier particulièrement aujourd'hui, c'est celui que j'appellerai *le conseiller avant la lettre,* l'ami intime auquel on montre sa pièce, le premier, quand elle vient de naître. Moment d'anxiété ! moment décisif ! On a écrit le matin même, le mot *fin* au bout de son manuscrit; on est à la fois dans tout l'enthousiasme et dans toutes les incertitudes de la création nouvelle. Qu'est-il cet ouvrage? Que vaut-il? Avec quelle impatience vous attendez le sentiment de votre premier confident, si vous avez su choisir en lui un conseiller véritable ! Hé bien, le hasard m'en fournit aujourd'hui le plus intéressant modèle, et j'aurai d'autant plus de plaisir à le peindre, qu'autour de ce portrait se groupera naturellement, tout un petit ensemble d'idées générales et de faits particuliers, se rattachant à cette question délicate : Le conseil dans l'art dramatique.

Au mois de juin dernier mourut à Paris un vieillard de quatre-vingt-quatre ans, dont quelques courts articles nécrologiques apprirent à la fois au grand public la vie et la mort.

Pour combien de lecteurs, ce nom de M. Mahérault ne fut-il qu'un nom?

Pourtant cet homme avait été à lui seul trois hommes très distingués.

Secrétaire général éminent au ministère de la guerre, amateur et collectionneur émérite d'estampes et de dessins, M. Mahérault fut un conseiller dramatique de premier ordre. Quelques mots sur l'administrateur et le collectionneur compléteront le portrait du conseiller.

II

Entré très jeune au ministère de la guerre, M. Mahérault s'éleva successivement, et par ses seuls services, aux postes les plus importants.

Le duc d'Orléans, frappé de sa haute capacité administrative et de ses vues sur les réformes militaires, lui dit un jour : « Monsieur Mahérault, vous serez mon ministre de la guerre. »

La mort du prince coupa court à ces brillantes espérances.

En 1848, la République le trouva chef de division et le

nomma secrétaire général, ce qui lui valut cette jolie lettre de Scribe :

« Mon cher secrétaire général,

« Vive la République ! et ma femme ! et la tienne ! et Lisbeth ! et toute la famille, qui est la nôtre, et nous remercions le gouvernement actuel, qui paye les dettes de la monarchie. A toi sous tous les règnes.

« E. SCRIBE. »

En 1851, le général Saint-Arnaud voulut le comprendre dans la réorganisation du conseil d'État, à une seule condition, c'est qu'il paraîtrait le soir, à l'Élysée, à la réception du prince-président.

Mahérault répondit : « Si je n'ai pas de titres, cette visite ne m'en donnera pas ; si j'en ai, comme je le crois, la visite est inutile et la condition blessante ; je n'irai pas à l'Élysée. » Il n'y alla pas et il ne fut pas nommé. Tel fut l'homme public.

Comme collectionneur, Mahérault est mis par les amateurs d'estampes, de gravures et de dessins au rang des His de Lassalle. J'admire beaucoup, sans doute, les collectionneurs millionnaires ; j'en sais qui sont de très fins connaisseurs ; mais il leur manque toujours les deux grands signes du collectionneur : la peine et le sacrifice. Ce n'est souvent pour eux qu'affaire de vanité. Ils chargent quelqu'un d'avoir du goût pour eux ; ils fournissent l'argent, le mandataire fournit la science, et les voilà promus au noble titre d'amateurs. Mais conquérir pièce à pièce, jour à jour, année par année, un ensemble d'objets d'art qui constitue lui-même une œuvre d'art ; découvrir ce qui est inconnu, deviner ce qui est méconnu, remettre en lumière des ouvrages ou des talents oubliés, refaire parfois tout un côté d'une époque, courir, chercher, comparer, consulter, prendre sur son repos, prendre sur ses besoins et arriver enfin, comme M. Sauvageot par exemple, après quarante ans de travail, à économiser une collection de plusieurs cent mille francs sur ses appointements, qui n'étaient que de quatre mille; oh! voilà qui mérite sympathie et respect, car cela veut dire science, patience, passion et goût. Or Mahérault, qui n'a guère eu toute sa vie d'autre fortune que sa place, laisse une collection de dessins, d'estampes et de gravures, dont la vente future met déjà les imaginations d'amateurs en éveil. Un marchand fort connu disait récemment : « L'on n'aura pas besoin de faire de réclames pour la vente de M. Mahérault; elle est déjà attendue jusqu'en Amérique. » Ce mot aurait comblé de joie Mahérault. Sa vente était son grand souci, son grand espoir, comme collectionneur et comme père. Il disait souvent à sa fille : — « J'espère que je te laisserai une belle vente! » Tout est dans ce mot-là. En effet, le jour de la vente est pour le collectionneur le jour du jugement dernier. C'est elle qui le classe parmi les connaisseurs ou parmi les dupes. C'est elle qui justifie ou condamne les sacrifices faits par lui à sa passion. Le collectionneur ne rogne pas seulement sur ses dépenses personnelles; j'en ai connu, non pas Mahérault, qui, pour nourrir leur collection, ont fait un peu jeûner leur famille. Ils l'avantagent au détriment de leurs autres enfants; mais ce qui les soutient et les absout, c'est leur espoir que, le jour de la vente, la collection, en sœur fidèle, rapportera à la succession dix fois plus qu'elle n'a reçu.

Je m'imagine donc que, ce grand jour venu, l'ombre de Mahérault, qui doit être bien diaphane si notre ombre ressemble à notre corps, trouvera moyen de se glisser dans cette salle des commissaires-priseurs où il a passé de si bonnes heures pendant sa vie, et qu'elle tressaillera d'orgueil et de joie au cri des surenchères toujours croissantes; cela sera une de ses manières d'être en paradis.

La plupart des collectionneurs se cantonnent dans un coin de l'art, dans une époque. Mahérault choisit le XVIIIe siècle et les dessins ou estampes. Je trouve dans ses papiers cette jolie note :

« Noël, 25 décembre 1856. — J'ai éprouvé aujourd'hui une des plus agréables jouissances que puisse donner l'amour-propre à un amateur. Un collectionneur éclairé de gravures et de dessins du XVIIIe siècle est venu me voir. Je lui ai montré quelques dessins de cette époque, parmi lesquels se trouvait une suite de compositions d'Honoré Fragonard pour les *Contes* de La Fontaine, lesquelles n'ont point été gravées. Il les a examinées avec attention, a voulu les regarder une seconde fois, s'extasiant sur chaque dessin et l'admirant comme une des plus jolies choses qu'il eût jamais vues de ce maître spirituel et gracieux. « Or, ces dessins n'étaient autres que des calques faits par moi, sur les originaux que possède Feuillet de Conches. Je n'ai pas eu le courage de le dire à notre amateur. D'abord, j'étais flatté de son erreur; puis l'en tirer, c'eût été le blesser dans son amour-propre; je me suis donc borné à ne pas abuser de son admiration, en refusant toute offre d'achat. Dans son enthousiasme, il m'aurait payé mes calques le prix que j'aurais voulu. »

N'est-ce pas charmant? N'y a-t-il pas bien de la grâce dans cette délicatesse qui ne veut ni tromper ni détromper?

Tout amateur de dessins est plus ou moins dessinateur. Le crayon vous tente, quand vous admirez autant ses créations. Je copie ces quelques lignes dans ses papiers :

Mes dessins à la sépia :

Scène du fauteuil, dans le *Mariage de Figaro*.

Scène du 4e acte de *Henri VIII*, de Chénier.

Scène du 4e acte de *Charles IX*, de Chénier.

Scène du 2e acte de la *Mort de Henri IV*, de Legouvé.

A la suite de ces indications se trouve leur prix de vente :

Charles IX, 25 francs.
Philippe II, 25 francs.
Henri IV, 25 francs.

Total : 75 francs. Le chiffre n'est pas bien élevé, mais comme il est éloquent! Comme il raconte bien l'épargne, sou à sou, du collectionneur pauvre. Certes, Mahérault dut trouver dur de vendre ses œuvres personnelles à si bas prix, mais il guettait sans doute l'œuvre d'un autre, et ces pauvres 75 francs l'ont comblé de joie en lui permettant d'acheter quelque dessin de maître qui vaut peut-être aujourd'hui 500 francs. L'auteur disparaissait devant le collectionneur; l'amour de l'art avait tué l'amour-propre. Enfin, la collection des costumes de théâtre de M. Martinet compte cinquante ou soixante portraits des principaux artistes de Paris, dans leurs plus beaux rôles; et ces portraits ont été faits sur des dessins de M. Mahérault. Toujours des scènes de théâtre, des costumes de théâtre! Voilà le trait d'union entre le second personnage et le troisième. Le collectionneur nous conduit naturellement au conseiller dramatique, et nous allons voir que le hasard avait prédestiné M. Mahérault à ce rôle difficile, en lui donnant pour père l'homme le plus propre à l'y préparer, et pour ami intime l'écrivain le plus fait pour l'y exercer. Parlons d'abord du père.

III

M. Mahérault père a une histoire dramatique très curieuse. Il a rendu à l'art théâtral un immense service dont tout le public bénéficie, dont un de nos grands théâtres profite et dont personne ne se doute.

Employé supérieur au ministère de l'intérieur sous le Directoire, M. Mahérault père y avait pour office l'organisation des écoles communales. Son ministre était un auteur dramatique, membre de l'Académie française, M. François de Neufchâteau. M. François de Neufchâteau était passionnément attaché au Théâtre-Français, par reconnaissance et par remords. La représentation de son drame de *Paméla* avait été pour lui l'occasion d'un grand succès, et pour le théâtre l'occasion d'un grand désastre.

C'était en septembre 93. A la huitième représentation, ces deux vers :

> Ah! les persécuteurs sont les seuls condamnables
> Et les plus tolérants sont les plus raisonnables.

furent applaudis à outrance (j'espère que ce n'est pas comme bons). Mais un patriote en uniforme, dit la Feuille du Salut public, se leva du balcon et s'écria indigné : « Pas de tolérance politique! C'est un crime!... » Fleury répond; le public redouble de bravos. On chasse le patriote en uniforme et, le lendemain, ordre du Comité de

Salut public de fermer le théâtre et d'enfermer les comédiens. Mme Roland raconte dans ses mémoires qu'un soir elle entendit, dans les corridors de la prison, un grand bruit de rires et de chants; c'étaient les comédiens du Théâtre-Français qui arrivaient le lendemain de la représentation de *Paméla* et de l'*École des Bourgeois;* ils étaient accusés de modérantisme, d'incivisme, voire même de conspiration royaliste, pour avoir joué la *réactionnaire Paméla*. Ils prenaient leur prison si gaiement que l'un d'eux disait : « Comme nous avons bien joué ce soir! Cette menace d'incarcération nous avait mis en verve!... Nous faisions la nargue à nos brutes de dénonciateurs! Nous serons peut-être guillotinés, mais c'est égal, c'était une belle représentation! » Il n'y a que des artistes français pour se mettre en verve sous ce prétexte-là.

Une fois le régime de la Terreur fini, le Directoire établi, et François de Neufchâteau ministre, il n'eut qu'une idée, reconstituer le Théâtre-Français. Mais qu'était alors le Théâtre-Français? Plus rien qu'un nom. Brisé par la Révolution, il s'était fragmenté en trois théâtres inférieurs : trois troupes! trois entrepreneurs! trois ruines! Les faillites se succédaient. En apparence, rien donc de plus simple que de rapprocher ces membres longtemps unis, aujourd'hui séparés et souffrant d'être séparés. En réalité, rien de plus malaisé que cette réunion. Des difficultés de toutes sortes y faisaient obstacle. Difficultés matérielles : plusieurs des anciens acteurs et quelques-uns des plus éminents étaient partis pour la province et même pour l'étranger. Difficultés politiques : les passions les plus ardentes les divisaient : les uns étaient républicains, les autres royalistes, tous enragés. La charmante Mlle Contat, que les souvenirs les plus chers rattachaient à la monarchie, disait : « J'aimerais mieux être guillotinée de la tête aux pieds que de paraître sur la scène avec ce jacobin de Dugazon. » Puis venait la grosse question des vanités. Plus d'un, en entrant dans un théâtre secondaire, était devenu premier rôle. Les sous-officiers étaient passés capitaines et les capitaines colonels. Or, nous avons bien vu, de notre temps, un futur maréchal de France consentir à redescendre au rang de simple divisionnaire, dans l'armée dont il était la veille le général en chef. Mais l'armée des comédiens ne connaît guère ces abnégations-là! Une doublure qui est devenue chef d'emploi, accepter de redevenir doublure! Une étoile rentrer volontairement dans le pâle groupe des nébuleuses, jamais! Enfin, l'intérêt aussi faisait difficulté; les appointements étaient plus aléatoires, mais beaucoup plus considérables. Quoique Voltaire ait dit : « Les comédiens sont les gens qui s'occupent le plus de leurs intérêts et qui les entendent le moins », on cite des hommes d'affaires et même des femmes d'affaires très habiles, parmi les plus grands artistes. Tel premier rôle ne signait avec un entrepreneur qu'avec une garantie solide pour la totalité de ses appointements, de façon que le théâtre se ruinait peut-être, mais que l'acteur ne se ruinait pas. Comment donc lever tant d'obstacles, satisfaire tant de prétentions opposées, faire taire tant de passions rivales, concilier tant d'intérêts contraires? Il n'y fallait pas moins qu'un miracle. Hé bien, ce miracle, c'est M. Mahérault père qui l'accomplit. François de Neufchâteau lui remit pleins pouvoirs et se déchargea sur lui de tout le travail; Mahérault se mit à l'œuvre avec passion.

L'acteur Saint-Prix lui dit : « Vous entreprenez une tâche impossible; vous ne connaissez pas la race des comédiens : ils vous feront mourir à coups d'épingles. — C'est moi qui les ferai revivre », répondit M. Mahérault. Rien ne le rebuta. Il séduit les uns par le titre de sociétaire du Théâtre-Français, il tente les autres par l'espoir d'une pension de retraite, il fait vibrer chez le plus grand nombre le sentiment de l'honneur professionnel, il éveille chez tous le désir de contribuer à une œuvre nationale. Il leur montre le Théâtre-Français se relevant grâce à eux, avec son nom, avec tous les anciens artistes, avec tous les nouveaux, avec tous les souvenirs qui faisaient sa gloire, et enfin, après plus de *deux ans* de négociations, la Compagnie était formée en société; un tableau signé de tous les artistes établissait le partage des rôles, la distribution des parts, et, le 11 prairial an VII (30 mai 1799), M. Mahérault père eut la joie de voir afficher dans tout Paris : *Réouverture du Théâtre-Français :* le *Cid* et l'*École des Maris.* La seule vue de cette affiche le paya de toutes ses peines; ajoutons qu'elle l'en paya seule. Le ministre lui ayant offert une somme assez forte au début de son œuvre, il refusa en disant qu'il ne voulait rien pour une *chose à faire*. Pendant le cours des négociations, les trois entrepreneurs étaient venus lui offrir vingt mille francs pour les placer tous trois à la tête du théâtre reconstitué, il leur répondit : « Mon seul but est de mettre tous les entrepreneurs passés, présents et futurs à la porte du Théâtre-Français; je veux que le Théâtre-Français soit une œuvre nationale; je veux que les artistes soient chez eux, et que la maison s'appelle la maison de Molière, de Corneille et de Racine. » Voilà ce qu'il a dit et ce qu'il a fait ! Ainsi tombe cette légende qu'on trouve partout, et qui nous montre le Théâtre-Français comme fondé par Louis XIV et relevé par Napoléon. Je ne suis pas iconoclaste; j'ai plus de goût pour saluer les statues qui s'élèvent que pour aider à renverser celles qui sont debout; Napoléon aimait trop l'art élevé et admirait trop Corneille pour que je songe à nier tout ce que lui doit la Comédie-Française, mais les dates ici font preuve. La réouverture du Théâtre-Français est de mai 99, et ce n'est que plusieurs mois plus tard, le 18 brumaire, que commence le pouvoir politique de Bonaparte. Le décret consulaire et le décret impérial de Moscou 1812 sont des actes confirmatifs, explicatifs, mais nullement constitutifs. Le véritable créateur de la Comédie-Française actuelle, c'est M. Mahérault père.

Voici, du reste, quelques fragments de lettres qui en sont une preuve de plus.

Après l'inauguration du théâtre, il fut nommé commissaire de la République près le Théâtre-Français, et garda ce titre et cet emploi jusqu'en 1812. Douze années d'amicale protection, de direction intelligente, d'intervention efficace ! Pendant douze ans, pas un droit des comédiens qu'il n'ait défendu, pas un de leurs justes griefs qu'il n'ait fait valoir, pas une de leurs demandes légitimes qu'il n'ait soutenue, pas un de leurs torts excusables qu'il n'ait pallié. Talma part un jour sans permission pour aller donner une représentation à Rouen : « Plaidez ma cause auprès des ministres, écrit-il à M. Mahérault. Vous me dites qu'ils s'étonnent de mon départ; j'aurais craint de les étonner bien davantage en leur proposant de payer mes dettes... »

Une autre fois, il datait ainsi sa lettre : « De ma prison de Bruxelles, ce 23 termidor, le 15e jour de ma captivité. » On comprend de quelle captivité il s'agit. Il ne pouvait partir faute d'argent. « Vous voyez, ajoute-t-il, que tout habitué que je sois au rôle de souverain, je gère assez mal les affaires de mon petit État. Mais je conviens de mes torts, ce qui n'est pas commun chez les personnes de mon rang. »

Enfin voici une troisième lettre, très caractéristique et qui marque la préoccupation de Talma sur ce qui se rapportait à son art. Je la cite tout entière :

« Mon cher ami, en passant par Nîmes, j'ai été visiter les antiquités. Avec quelle peine n'ai-je pas vu, dans un temple de Diane, des débris de statues et de sculptures exposés aux injures de l'air et couchés dans les ronces. C'est véritablement un meurtre. Je voudrais que vous demandassiez pour moi au ministre la permission d'emporter à Paris un reste de petite statue en marbre, d'environ un pied et demi de hauteur, d'un travail assez médiocre, mais extrêmement curieux pour moi. C'est une cuirasse romaine dont je n'ai vu de modèle nulle part. J'en ai fait faire le dessin, mais il me semble que l'original serait mieux dans mon cabinet que dans les ronces et dans les débris. »

A une autre date, c'est Mlle Contat qui supplie M. Mahérault de ne pas céder à un mouvement d'irritation qui le poussait à donner sa démission. « N'abandonnez pas *votre ouvrage!* (Qu'on remarque ce mot de Mlle Contat.) Ne laissez pas à d'autres le fruit de vos efforts ! Ne renoncez pas au droit d'obliger tous ceux que vous estimez ! Il faut que l'idée du bien que vous avez fait, que vous pouvez faire, compense, efface toute fâcheuse impression !... » Il me semble que maintenant la question est définitivement jugée. J'enlève là une bien faible gloire à l'empereur, mais j'en donne une bien grande à l'honnête homme qui l'a méritée : pour l'un, ce titre n'était qu'une toute petite feuille de laurier de plus; pour l'autre, c'est une couronne; et il me semble que, pour la consacrer, la Comédie-Française aurait bonne grâce à placer dans son foyer un buste de plus avec cette inscription : A M. Mahérault, le Théâtre-Français reconnaissant.

C'est parmi toutes les péripéties de cette reconstitution théâtrale, parmi tout l'éclat et tous les triomphes de cette renaissance; c'est au milieu de tous ces grands talents qui s'appelaient Talma, Fleury, Molé, Mlle Contat, Mlle Mars, que naquit et grandit le jeune Mahérault. Il fut présenté à l'état civil par Marie-Joseph Chénier et Mme Vestris : un acteur tragique et une tragédienne! Il avait deux ans quand on le conduisit au spectacle pour la première fois. On peut dire qu'il fit ses classes à la fois au collège de Navarre et dans les coulisses de la Comédie. Pendant douze ans, pas un grand succès, sur la scène française, qui ne fît écho dans cette tête de huit ou dix ans! Seulement, comme son père, tout en représentant le gouvernement près de la Comédie, continuait ses hautes fonctions au ministère de l'intérieur, l'enfant reçut deux éducations qui se complétaient l'une l'autre. D'un côté, l'exemple, la vie, les leçons d'un administrateur consciencieux jusqu'au sacrifice, et probe jusqu'à l'austérité; de l'autre, les entretiens d'un ami ardent des arts et des artistes, d'un dilettante aussi passionné pour la comédie que les comédiens eux-mêmes : ainsi s'explique le double caractère de l'esprit de Mahérault; précis, exact, méthodique, sensé, judicieux, minutieux, côté de l'administrateur; ingénieux, sagace, fin, spirituel, côté de l'artiste; et de l'union de ces qualités contraires sortit le conseiller dramatique.

IV

Rien de plus commun que les donneurs de conseils, rien de plus rare que les véritables conseillers. Sans parler des perfides qui taisent la vérité, des faibles qui n'osent pas la dire, des aveugles qui ne la voient pas, des esprits timides que blessent les plus heureuses hardiesses, des gens privés de goût qui n'aperçoivent pas les passages dangereux, il y a, pour les plus sincères et les plus habiles, une difficulté d'optique toute spéciale dans le jugement d'une pièce de théâtre, à la lecture. Il ne s'agit pas de l'apprécier telle qu'elle est, mais telle qu'elle sera. La scène la transformera ; il faut donc, en l'écoutant, la voir d'avance sur la scène; il faut deviner ce que lui ôtera ou lui ajoutera la perspective. Il faut, par une sorte de prescience, entrer dans les préventions, dans les susceptibilités de cet être nerveux et multiple qu'on appelle le public. Telle phrase qui n'a aucune valeur à l'oreille de trois ou quatre auditeurs, prend tout à coup dans une grande salle des proportions énormes !... Parfois aussi, le succès est une affaire de latitude ; ce qui réussit dans un quartier, tomberait dans un autre. Il faut en tenir compte. Et l'interprétation ! Et les circonstances ! Et la mobilité des jugements ! Hoffmann, l'ancien et très spirituel rédacteur du *Journal des Débats,* rencontre un de ses amis, à quatre heures, le jour de la première représentation de sa pièce : *les Rendez-vous bourgeois.* « Viens donc avec moi, ce soir, lui dit-il, voir une pièce qui sera sifflée... trois cents fois de suite !... » Hé bien, un vrai conseiller dramatique prévoit même les succès qui sont des lendemains de chute. Aussi est-ce un talent très rare et très particulier. L'expérience le développe, la pratique le fortifie, mais la nature seule le donne. Ni la distinction de l'esprit, ni la culture de l'intelligence n'y suffisent. J'ai vu des hommes du plus réel mérite, des écrivains remarquables, dont le jugement porté sur un livre ou une œuvre poétique avait la valeur d'un arrêt définitif, et qui, à l'audition d'une pièce de théâtre, tombaient au rang des conseillers inutiles. En revanche, j'ai connu des gens du monde, même des femmes, dont l'impression était infaillible.

J'ai dit que Mahérault avait été préparé par son père au rôle de conseiller dramatique ; qu'on juge s'il y fut exercé par son ami, cet ami s'appelait Scribe.

Pendant quarante ans, Scribe n'a pas écrit une comédie, un vaudeville, un opéra, un opéra comique, un roman, sans le montrer, avant toute publicité, à Mahérault et à Germain Delavigne.

Mahérault m'en voudrait si je ne parlais pas un peu de Germain avant de parler de lui.

Quelle aimable et originale figure que celle de Germain ! Un grand nombre de comédies charmantes sont signées de son nom ; pas une de son nom seul. Il était incapable de faire une pièce sans collaborateur, non par stérilité d'esprit, je n'en ai pas connu de plus fin, de plus fécond, de plus plein d'idées de détail et d'idées d'ensemble, mais sa chère paresse l'empêchait d'accomplir à lui tout seul la rude besogne de l'enfantement dramatique. Personne qui ressemblât moins à l'alouette de La Fontaine :

> Elle bâtit un nid, pond, couve et fait éclore
> A la hâte; le tout alla du mieux qu'il put.

Bâtir un nid ? soit, mais à la condition qu'un autre y mettra son œuf. Pondre ? soit, pourvu qu'un autre couve. Couver ? soit, si un autre fait éclore ! Et surtout... rien de fait à la hâte ! Se presser ! oh ! cela lui était impossible ! Son frère Casimir et lui avaient connu Scribe au collège. Une fois libres, les trois amis se réunissaient chaque jeudi, et, au dessert, on se communiquait les plans de travail. Casimir apportait un canevas de tragédie, Scribe une idée de vaudeville ; Germain apportait, lui, son goût exquis et sa part d'invention dans les pièces des deux autres. Avec sa bonne figure rouge et placide, son sourire spirituel, il jouait le rôle de Chapelle dans les Soupers d'Auteuil, ou plutôt, entre ses deux ardents amis, toujours en gestation, il était à l'état de père suppléant, donnant une idée à celui qui avait besoin d'une idée, un mot spirituel à celui qui demandait un mot spirituel, un conseil quand il fallait un conseil, et mettait à leur disposition son immense lecture. *Je vais feuilleter Germain,* disait Casimir, quand il cherchait un renseignement historique, anecdotique ou artistique, et aussitôt le livre vivant répondait, s'ouvrait de lui-même à la page demandée. Le contraste de caractère des trois amis était écrit dans leurs habitudes de travail : Casimir travaillait toujours en marchant, Scribe toujours assis, et Germain toujours couché. A peine sorti de son lit, il s'installait sur un canapé. Il vivait sur le dos comme un Oriental ; seulement, au lieu de fumer, il prisait, et au lieu de rêver, il lisait.

Les dîners du jeudi n'étaient pas seulement des séances de consultation ; on échangeait des sujets, on se prêtait des dénouements. Un jour, Casimir arrive consterné. Il ne pouvait venir à bout de son cinquième acte de l'*École des vieillards ;* la situation finale lui manquait.

« Attends, lui dit Scribe ; j'achève en ce moment un vaudeville intitulé *Michel et Christine*, et je me tire d'affaire à la fin par un moyen fort ingénieux ; ce moyen va parfaitement à ta pièce, prends-le. — Et toi ? — Moi, je le garderai. — Mais le public ? — Le public ? Il n'y verra rien. Personne n'ira s'imaginer que le dénouement d'un petit vaudeville en un acte soit celui d'une grande comédie en cinq actes et en vers. Prends sans inquiétude, et je garde sans remords. » Scribe avait deviné juste, aucun critique ne s'aperçut de la ressemblance ; seulement le dénouement du vaudeville parut charmant, tandis que celui de la comédie parut faible. Un fil suffit pour nouer un petit acte, et il faut le délier d'une main légère ; mais une grande œuvre demande plus de vigueur dans la solution comme dans la conception.

Ces aimables échanges donnèrent lieu à un autre fait dramatique très curieux. Casimir avait en tête une comédie en deux actes, vive, gaie, amusante, et fondée sur un malentendu diplomatique : un jeune homme, envoyé dans un petit État d'Allemagne pour y chercher un costume de bal, est pris pour un grave messager politique. Le même jour arrivent Scribe et Germain, apportant au menu dramatique du jeudi un projet qui les enchantait; c'était l'histoire d'une jeune princesse de dix-huit ans qui, jetée avec sa grâce, sa coquetterie, sa finesse, son ignorance, et une tendre passion dans le cœur, au milieu de toutes les intrigues politiques d'une petite cour, navigue parmi tous les aspirants à sa royale main, avec autant d'adresse et plus de gaieté que Pénélope. Les deux plans ont un même succès, et les trois amis se séparent, entendant déjà les bravos qui attendaient les deux pièces. Quelques jours s'écoulent. Lettre de Casimir à Scribe : « Mon cher ami, je ne fais que rêver à ta princesse. J'en suis amoureux. Donne-la-moi. Mon diplomate a paru te plaire, prends-le. Changeons. — Soit, dit Scribe, changeons ! » Mais qu'arriva-t-il ? Que l'idée de Casimir devint le *Diplomate* et que l'idée de Scribe et de Germain devint la *Princesse Aurélie;* c'est-à-dire que Casimir avait échangé un succès pour une chute. A quoi Scribe disait : « Nous aurions eu, Germain et moi, le même succès avec la *Princesse Aurélie* qu'avec le *Diplomate,* parce que nous l'aurions faite en deux actes et non en cinq, et que nous l'aurions écrite en prose et non en vers. Ce sont les vers qui ont perdu Casimir. Il les fait trop bien, il en a trouvé trop de jolis et de trop jolis, l'étoffe était trop mince pour les broderies, l'habit a craqué ! Voilà ce que c'est que d'être poète ! » Puis il ajoutait gaiement : « Ce malheur-là ne m'arriverait jamais à moi !... » Un dernier trait achèvera de peindre cet amical et spirituel trio. Au temps où ils étaient encore obscurs, les trois amis allaient souvent terminer leur soirée au Théâtre-Français : « Ah ! se disaient-ils, si nous pouvions jamais être joués là ! » Quelques années après, ils allèrent encore dîner ensemble et finirent leur soirée au Théâtre-Français. On donnait l'*École des vieillards* et *Valérie*. Le nom de Germain Delavigne n'était pas sur l'affiche, mais son esprit était dans les deux pièces. Il resta toujours le premier ministre consultant de Scribe, même après la cessation des dîners du jeudi, car ils cessèrent ; ils cessèrent le jour où les deux Delavigne se marièrent : je dis le jour, car ils se marièrent le même jour, ce qui fit dire au roi Louis-Philippe ce joli mot. Les deux frères vont lui annoncer leur changement d'état : « Nous nous nous marions tous les deux, jeudi, sire. — Ah ! — A la même heure. — Ah ! — Dans la même église. — Ah ! Et avec la même femme ? »

J'arrive enfin à Mahérault. La gloire de Scribe a été une carrière pour Mahérault. Leur affection datait aussi de Sainte-Barbe, et l'on peut remarquer quel rôle important jouent dans le théâtre de Scribe les amitiés de collège. Librettiste, vaudevilliste, auteur comique, il reste toujours barbiste. Rien de plus touchant que ses rapports avec Mahérault ; chaque matin, si pressée que fût sa besogne administrative, Mahérault montait chez Scribe en allant au ministère, et le trouvait toujours au travail. La visite n'était le plus souvent que de quelques minutes ; le temps d'entrer, de lui dire bonjour, de porter les yeux sur la page commencée, de respirer l'air de ce cabinet, de dire à Scribe : « Cela vient-il bien ?... » de s'informer s'il n'y avait pas quelque affaire de directeur, de théâtre, de journaux, où Mahérault pût l'aider ; puis le voilà parti. Assez souvent même, Scribe ne se dérangeait pas de son travail, ne se levait pas de son bureau, et les yeux toujours baissés sur son papier, tout en écrivant, il se contentait de lui dire : « Ah ! c'est toi ! Bonjour !... Ta femme va bien ? » Puis il continuait sa scène. Parfois pourtant : « Tu arrives à propos, disait-il... tu sais bien la situation qui m'embarrassait tant hier..., je crois que je la tiens ! Écoute... ! » La lecture finie : « Hé bien, que dis-tu de cela ? C'est bon, n'est-ce pas ? » Si Mahérault répondait : « Pas encore ! Je ne suis content qu'à demi, et voici pourquoi ? — Ah ! ah ! répliquait Scribe avec beaucoup de calme, hé bien ! va-t'en. Je vais examiner qui a raison, toi ou moi, et je te lirai ce soir ce que j'aurai fait. » La réponse de Scribe nous oblige à passer, pour un moment, de l'ami qui conseille à l'auteur qui consulte ; car, à côté de l'art de donner des conseils, il y a l'art non moins difficile d'en recevoir.

Les auteurs qui consultent se divisent en trois classes : les humbles, qui doutent toujours d'eux ; les vaniteux, qui n'en doutent jamais, et les habiles, les hommes vraiment forts, qui écoutent tout, apprécient tout et utilisent tout. A la première critique partielle, les humbles s'écrient : « Oh ! comme vous avez raison ! Comme c'est mauvais ! » Et les voilà tout prêts à condamner l'œuvre entière et à la jeter au feu ! Il faut toujours leur sauver leur Énéide des mains. Classe peu nombreuse.

Les vaniteux s'étonnent, sourient dédaigneusement ou s'irritent. Ce sont les petits-fils d'Oronte. Ancelot était un type du genre. A la lecture d'une de ses comédies, un auditeur, après l'avoir accablé de : *délicieux! exquis! charmant!* a l'audace de glisser timidement : « Le second acte est peut-être un peu trop long. — Je le trouve trop court ! » répond Ancelot.

Viennent enfin les maîtres. Demander des conseils, les écouter, savoir tirer parti même d'un mauvais avis, se rendre compte qu'un homme peut soutenir son opinion par de mauvaises raisons et cependant avoir raison, entendre le silence, lire sur les physionomies, faire la part du caractère, du genre d'esprit de chacun de ses conseillers, enfin *juger ses juges,* telle est la marque des esprits supérieurs, tel était Scribe. Sans vanité, sans entêtement, sans faiblesse, tout entier à son œuvre et à l'amélioration de son œuvre, la consultation était pour lui comme une collaboration. Une observation juste se faisait-elle jour, il sautait dessus comme sur son bien, se l'assimilait, la développait, en faisait sortir, séance tenante, mille aperçus dont s'étonnait celui même qui l'avait faite. Lui adressait-on une critique fausse ou puérile? Il la repoussait avec une impatience qui n'avait rien de blessant, tant on sentait que son amour-propre n'était pour rien dans sa vivacité, et qu'il n'était choqué que de ce qui choquait le bon sens, ou de ce qu'il savait en désaccord avec son œuvre ou sa nature d'esprit. « Il ne me suffit pas, disait-il souvent, qu'un avis soit bon; il faut qu'il soit bon pour moi. » A ce propos, il citait volontiers le trait si caractéristique de Gouvion Saint-Cyr. C'était pendant la guerre d'Espagne. Le général *** commandait en chef, Gouvion Saint-Cyr en second. L'ennemi serrait de près notre corps d'armée. Fallait-il livrer bataille ou battre en retraite? Le conseil de guerre s'assemble. Gouvion Saint-Cyr opine vivement pour la retraite; son avis l'emporte. Une heure avant le mouvement fixé pour le départ, le général en chef, dans une reconnaissance, est blessé d'un éclat d'obus. Gouvion Saint-Cyr prend le commandement, et immédiatement il contremande tous les plans de retraite, engage la bataille et la gagne. « Pourquoi donc, lui dit-on, l'avez-vous déconseillée ce matin au général en chef? — Parce qu'il l'aurait perdue. » Hé bien, ce mot profond s'applique au théâtre tout aussi bien qu'au théâtre de la guerre. C'est un principe de la stratégie dramatique. Il ne faut conseiller aux autres que

les batailles qu'ils peuvent gagner. Il ne faut accepter que les conseils qu'on est capable de suivre. J'ai eu un ami, disait Scribe, dont les opinions m'inspiraient à la fois confiance et défiance. Personne de plus perspicace à découvrir les défauts d'une pièce qu'on lui lisait; il avait un coup d'œil impitoyable; il allait droit au vice caché et fondamental. Mais, quand, une fois la critique achevée, il ajoutait : « Maintenant, voilà ce qu'il faudrait faire... » oh! alors, je l'arrêtais court. « Halte là, mon cher ami, tu dé-
« molis à merveille; mais pour reconstruire, c'est autre
« chose. La pièce que tu proposes là est peut-être char-
« mante; faite par toi, elle réussirait peut-être à mer-
« veille, parce qu'elle est conforme à ta tournure d'es-
« prit; faite par moi, elle tomberait, parce qu'elle m'est
« absolument opposée; laisse-moi rebâtir ma maison moi-
« même. »

On comprend comment, avec une telle perspicacité, Scribe savait tirer parti des avis les plus opposés. Il complétait ses deux conseillers l'un par l'autre : Mahérault par Germain et Germain par Mahérault.

Le propre de la parole de Germain, c'était la brièveté. Sa paresse s'accommodait de la concision, et un mot suffisait à sa finesse. D'un trait, accompagné d'un sourire, il vous signalait ce qu'il y avait à faire. Tout son jugement tenait généralement en une ligne.

En voici un frappant exemple. Scribe lui apporte un jour sa pièce de *Geneviève, ou la Jalousie paternelle.* Il s'agit, comme on sait, d'un père qui éconduit tous les prétendants à la main de sa fille, parce qu'il ne peut se décider à se séparer d'elle. La lecture finie, Germain dit à Scribe : « Ta pièce est impossible. Le père est un pur égoïste qui sacrifie tout à lui; *il n'aime pas sa fille.* »

Scribe remporte sa pièce, et huit jours après, nouvelle lecture de la comédie corrigée. « Oh! cette fois, s'écria

Germain, ton père est bien plus impossible encore; *il l'aime trop.* » Mot profond d'où sortit la troisième et dernière forme de ce petit chef-d'œuvre de délicatesse qui s'appelle *Geneviève*.

Hé bien, prenez l'antithèse de Germain, et vous avez Mahérault.

Il ne se contentait ni d'une audition pour se faire une opinion, ni d'un mot pour l'exprimer; la parole même ne lui suffisait pas. Scribe le savait bien, et sa pièce finie, sa pièce lue, il la lui donnait. Alors commençait le véritable conseil de son ami, le conseil, la plume à la main.

J'ai là, sous les yeux, une liasse de papiers portant pour titre : « Observations faites par moi à Scribe, sur ses pièces avant la représentation. » Il ne s'agit pas moins que d'analyses contenant chacune dix pages, douze pages; j'en ai vu une de vingt-cinq pages. Mahérault suit l'ouvrage, acte par acte, scène par scène, personnage par personnage, presque ligne par ligne. La rectitude, la précision, la minutieuse et judicieuse régularité de l'administrateur, s'y retrouvent côte à côte avec le goût artistique du collectionneur. Pas une contradiction qu'il ne relève, pas une erreur qu'il ne signale... je dis qu'il ne signale, je devrais dire qu'il ne poursuive, car il porte dans ses fonctions l'implacabilité de l'honnête chef de division, en face d'une erreur de chiffre. Sa sincérité va parfois jusqu'à la dureté. « Ces couplets sont d'une faiblesse désespérante; ni trait, ni pensée! La mauvaise prose qu'ils remplacent valait encore mieux! » Voilà bien la rudesse de commerce que réclamait Montaigne dans une amitié véritable! J'honore beaucoup Mahérault pour cette sincérité, mais j'avoue que je n'admire pas moins Scribe. Lequel vaut le plus, celui qui dit la vérité, ou celui qui l'écoute? Or, voici comment Scribe l'écoutait. Quelques fragments de lettres peindront mieux les deux amis que toutes mes paroles :

« Séricourt, 24 septembre 1842.

« J'ai refait en entier, totalement en entier, le quatrième acte, et beaucoup changé les autres. Veux-tu ou peux-tu encore les entendre, si ce n'est pas trop abuser de ton amitié ? »

« Séricourt, octobre 1845.

« Mon second volume (il s'agissait d'un roman) sera achevé dans trois jours. Je te le porterai à Paris, pour qu'il reste quelque temps en pension chez toi. Le premier volume s'est trop bien trouvé de tes soins, pour que son frère ne les réclame pas. »

« J'ai lu, depuis ton départ, toutes les observations sur le premier volume, c'est-à-dire presque toutes, car tu as fait là, mon pauvre ami, un travail prodigieux, et, comme tout ce que tu fais, *consciencieux*. Dans tout ce que j'ai vu, tu as parfaitement raison; toutes tes notes sont d'un goût excellent, d'une critique très judicieuse, et je ne sais maintenant si je dois t'en remercier, car me voilà obligé d'y faire droit, ce qui sera encore un très long travail. »

Songez qu'au moment où Scribe écrivait ces lignes, il régnait sur quatre théâtres. Il me semble que, pour un homme à qui on reproche de n'être pas original, cette modestie ne manque pas d'originalité.

Le dernier paragraphe ajoute encore au charme de ce billet :

« Il est cinq heures du matin ; je me lève et je t'écris d'abord, pour bien commencer ma journée et pour que cela me porte bonheur. »

« Ce 6 octobre 1836.

« Mon cher ami, je suis arrivé hier soir et je lis demain ma pièce au Français, ou plutôt notre pièce, car tes bons avis l'ont fort améliorée. Veux-tu qu'aujourd'hui, à cinq heures un quart, j'aille te prendre à ton bureau? Je te mènerai à Montalais ; nous dînerons et nous lirons. »

Mahérault ne s'occupait pas seulement de manuscrits. A propos d'une histoire de presse fort difficile à régler, où Mahérault avait fait donner à Scribe pleine satisfaction, je lis dans une lettre cette phrase charmante : « Ma femme et moi, nous disions hier : Ce n'est pas au ministère de la guerre qu'il eût fallu placer Mahérault, mais aux affaires étrangères, lui donner l'ambassade de Londres, par exemple, où nous n'obtenons jamais que la moitié de ce que nous voulons ; il y eût été admirablement placé, lui qui obtient plus qu'on ne lui demande. »

Puis il ajoute, à propos d'une pièce de terre qu'il ne pouvait acheter sans la permission de l'administration :

« Nous nous sommes regardés stupéfaits, ma femme et moi, en voyant qu'à peine arrivé, à peine assis chez toi, tu avais couru au ministère pour t'informer de mes affaires, et l'ambitieux propriétaire, l'insatiable conquérant par-devant notaire, ne sait comment te remercier du soin que tu veux bien prendre d'agrandir ses domaines. Ton amitié s'occupe de tout. »

J'ai peine à m'arracher à cette correspondance ; j'y trouve partout tant de traits charmants d'esprit et de cœur, tant de vives images de cette double affection. Après un départ de Mahérault forcé par ses fonctions de quitter Séricourt, Scribe lui écrit : « Nous restons seuls dans ce salon, où nous trouvons bien des regrets, mais en même temps bien des souvenirs qui les adoucissent. Le piano est muet, mais nous pensons à ma filleule qui le faisait si bien parler, et alors nous parlons d'elle et de vous, et nous trouvons que les gouvernements constitutionnels sont bien absurdes d'avoir des ministères qui nous enlèvent nos amis. »

Il faut cependant se borner et choisir. Je finis par ce fragment.

La lettre est datée de 1844, et adressée à Mme Mahérault, qui avait recommandé à Scribe une jeune et nouvelle actrice, Mlle Rose Chéri : « Votre protégée est une personne charmante, lui écrit Scribe ; elle a tout pour elle, le talent et la vertu, c'est-à-dire le nécessaire... et le superflu..., au théâtre, s'entend. J'étais déjà charmé d'elle, mais grâce à votre protection toute-puissante et qui, celle-là, ne coûtera rien à son superflu, je vous réponds qu'elle deviendra notre première actrice. Vous pouvez lui dire, Madame, que j'ai répondu à votre recommandation en me mettant à l'ouvrage pour elle ; si Mahérault vient nous voir, comme je l'espère, il jugera de la pièce qui, lui aidant, deviendra meilleure. »

Je m'arrête à cette dernière lettre, mais je n'en ai pas fini avec le rôle de Mahérault comme conseiller dramatique, et deux souvenirs personnels me permettent de compléter ce portrait.

Il y a une classe de conseillers dont je n'ai pas parlé, ce sont les conseillers inventifs. J'appelle ainsi ces esprits à la fois actifs et sensés, qui, sans jamais se substituer à vous, s'installent au cœur de votre conception, vous poussent en avant dans votre propre voie, vous montrent les conséquences naturelles de votre pensée, vous ouvrent enfin dans votre propre ciel des horizons nouveaux. Rien de plus rare que ce talent. Mahérault le possédait. En voici un exemple que je n'ai pas le droit d'oublier :

C'était à une lecture intime d'*Adrienne Lecouvreur*. Le succès fut unanime. « Pourtant, dit Mahérault, il manque un personnage dans votre pièce. — Eh! où veux-tu, répondit Scribe, que nous le mettions ton personnage de plus? — A la place d'un autre! — Comment? — Vous avez un duc d'Aumont qui joue un rôle assez insignifiant. Ce n'est rien qu'une caillette de cour. Pourquoi ne pas le remplacer par un petit abbé? — Admirable! s'écrie Scribe, voilà une vraie figure du dix-huitième siècle. Une actrice, une princesse, un héros et un abbé, le tableau est complet. » En effet, cette seule figure, jetée dans l'action, métamorphosa toutes nos scènes de second plan. La galanterie, le caquetage, l'amour, tout prit couleur dans sa bouche, et il courut, il bourdonna à travers la pièce comme une chose ailée. A qui devons-nous la part notable que l'abbé eut dans notre comédie? A Mahérault.

Un second souvenir montrera en action les deux personnages sur lesquels roule cette étude : le conseillant et le conseillé.

C'était en 1850. Un grand chagrin m'avait ôté toute énergie intellectuelle. L'abattement du cœur écrasait l'esprit. Mes amis s'en préoccupèrent. Ils allèrent trouver Scribe, en lui disant : « Vous avez une grande influence sur lui, décidez-le à reprendre le travail. » Scribe vint : « Mon ami, me dit-il, je me suis si bien trouvé de m'adresser à vous quand on m'a demandé une pièce en prose pour Mlle Rachel, notre Adrienne nous a si bien réussi que je voudrais recommencer. En ce moment, il y a au Conservatoire, dans la classe de M. Samson, une élève qui promet une Mlle Plessy. Elle a seize ans, une figure charmante, une voix d'or, elle est de bonne race, elle s'appelle Madeleine Brohan. Écrire une comédie pour ses débuts serait un coup de maître. Cherchez donc un rôle de jeune femme qui soit un grand premier rôle, nous nous mettrions immédiatement à la besogne, et, dans six mois, première représentation. » Je sentais tout ce qu'il y avait de délicatesse dans le détour employé par Scribe; me présenter le service qu'il me rendait comme un service à lui rendre me toucha beaucoup. Je n'aurais pas eu la force de me remettre seul au travail, mais travailler avec lui et, comme il me le disait aimablement, pour lui, la proposition était tentante. Je cherchai, et bientôt me revint à l'esprit un personnage historique, assez nouveau et tout à fait charmant que j'avais rencontré dans mes études sur l'*Histoire morale des femmes;* c'est Marguerite de Navarre, sœur de François Ier. Marguerite, dans l'histoire, est justement au point où les héros et héroïnes font merveille dans les œuvres d'imagination, c'est-à-dire à cet état crépusculaire où la figure est à la fois éclairée et voilée : ce qu'on en connaît suffit pour appeler l'intérêt sur elles; ce qu'on en ignore permet d'ajouter la curiosité à l'intérêt. Tout le monde sait que Marguerite partit pour Madrid, et contribua à la délivrance de son frère; mais son voyage plein de traverses, ses délicieux manèges pour sauver le roi, sa façon de séduire tout le monde autour de Charles-Quint, y compris Charles-Quint lui-même, cette imaginative de terminer cette captivité par le mariage du captif avec la sœur du vainqueur, tout cela était peu connu, et faisait de Marguerite un personnage tenant à la fois de la comédie et du roman, et tout propre à mettre en lumière les grâces éblouissantes de notre jeune actrice. Enfin, ce qui me touchait le plus en elle, c'était la nouveauté de ce rôle sur notre théâtre. Toutes nos héroïnes dramatiques sont des mères, des filles, des épouses, des amantes, des maîtresses, mais aucune pièce n'a pour personnage principal une sœur. Je voyais dans ce sentiment mille nuances délicates et nouvelles qui, mêlées à un fait intéressant et national, nous rendraient quelque chose de ces poétiques figures de l'antiquité, qui s'appellent Électre et Antigone. Mon idée saisit vivement Scribe, et le lendemain le plan était commencé. Mais au milieu de notre travail survint un obstacle qui est un des inconvénients de la collaboration. J'en ai dit assez de bien pour pouvoir en dire un peu de mal. Un désaccord fondamental s'éleva entre Scribe et moi. Il ne voulait pas que François Ier parût dans la pièce. Le piquant du sujet, me disait-il, consiste précisément à tourner toujours autour de cette prison sans y jamais entrer, à faire sortir ce captif sans l'avoir vu. Il y a au théâtre des personnages d'autant plus intéressants qu'ils brillent par leur absence, qu'on n'y parle que d'eux, qu'on ne s'occupe que d'eux, et qu'ils ne paraissent pas. Dès que vous mettez le pied dans cette prison, vous entrez dans le commun. Puis, ajoutait-il, avec un redoublement de verve que j'écoutais sans mot dire, que faire de François Ier ? C'est un personnage essentiellement déclamatoire, avec son grand nez, son fameux *Tout est perdu fors l'honneur,* et ses airs de roi-chevalier, autrement dit, de roi-troubadour; il nous jette dans l'opéra comique ou dans le mélodrame. Tandis qu'Arlequin, oh ! c'est différent ! Arlequin c'était Charles-Quint. Il ne l'appelait pas ainsi par moquerie ! non ! mais un des traits caractéristiques de Scribe, dans le feu de la composition, c'était l'oubli absolu de tout ce qui n'était pas la situation même. Les mots, les noms n'existaient pas pour lui ! il les estropiait ! il les métamorphosait ! il ne voyait en eux que le rôle qu'ils jouaient dans la pièce ! Et ce Charles-Quint, qu'il se représentait en lutte d'adresse avec cette jeune femme, qu'il voyait rusé, fourbe, moqueur, se confondait plus ou moins dans sa pensée avec le héros de la comédie italienne, il lui aurait mis volontiers une batte à la main! Mais moi, je résistais avec une énergie invincible. « Non! lui dis-je, non! Tout votre feu et toute votre verve ne me convaincront pas! C'est de l'esprit, mais ce n'est que de l'esprit, et j'ai besoin d'autre chose. Quel est notre personnage principal? Une sœur. Quel est le sentiment fondamental de notre pièce? L'amour d'une sœur. Et vous voulez en supprimer le frère. Alors, adieu toute émotion, tout pathétique! J'ai besoin de les voir ensemble, de les voir pleurer ensemble, espérer ensemble, craindre ensemble! Il ne s'agit pas de jouer au jeu du roi captif et délivré. Ce n'est pas une partie d'échecs que notre pièce, c'est une œuvre vivante, humaine, il m'y faut des âmes vivantes! C'est commun, dites-vous, je l'espère bien! Car c'est commun à l'humanité tout entière, commun à tous ceux qui aiment, qui souffrent, qui se dévouent, et voilà pourquoi c'est bon! » Scribe m'écouta attentivement, froidement; puis, quand je m'arrêtai, il me dit avec cette simplicité et cette bonne foi qui étaient vraiment admirables chez lui : « C'est vous qui avez raison!... A la besogne!... » Trois mois après, à Séricourt, réunion du tribunal consultant : Germain Delavigne, Mahérault, Laborie, Michel Masson, trois autres invités et nos deux familles. La lecture commença à quatre heures, avant le dîner, et à onze heures et demie nous discutions encore.

Les 1er, 3e, 4e et 5e actes avaient été écoutés avec faveur, et sauf quelques réserves, quelques corrections faciles à faire, reçus avec toutes boules blanches. Mais quant au 2e acte, à mon acte, chute complète; on le trouva trop monté de ton, trop dramatique, discordant avec le reste de l'ouvrage. Une scène surtout choqua les auditeurs. J'avais lu dans un récit authentique que Marguerite à son entrée dans la prison, ayant trouvé son frère évanoui, mourant et se laissant mourir, avait eu la pensée de grouper, autour d'un petit autel situé au fond de la chambre du malade, tous les seigneurs français retenus à Madrid, y compris l'archevêque de Montmorency, et de ranimer le mourant en faisant parvenir jusqu'à son oreille un hymne de prières adressées à Dieu, et qui semblait la voix même de la France. Cette situation m'avait fort séduit; l'idée de Marguerite m'avait paru bien empreinte de cette inventive imagination du cœur qui est le propre des femmes, et j'avais essayé de lui donner dans mon acte une place discrète, sur le second plan, mais, selon moi, émouvante et poétique. « Oh! dit alors Michel Masson, s'ils se mettent à chanter la messe! » Ce mot fut l'arrêt du second acte : Coupez-le! Supprimez-le! Tel fut le cri presque unanime; je dis presque, car trois personnes protestèrent. Scribe avait là une belle occasion de revanche contre moi. Il fut un des trois réclamants. Il s'adjoignit à moi, et Mahérault s'adjoignit à lui. Nous luttâmes énergiquement pendant une heure et demie. Les critiques, et même les moqueries, pleuvaient contre mon malheureux acte, que je défendais de mon mieux! « C'est Legouvé qui a raison, s'écriait Mahérault, avec la ténacité indomptable qu'il apportait dans son rôle de conseiller; c'est vous qui avez tort. Vos critiques sont justes, mais ce sont des critiques de détail; le fond, le plan sont bons. Des lourdeurs d'exécution, soit! Des disparates de ton, j'en conviens; mais supprimer l'acte, autant vaudrait se faire couper une jambe parce qu'on a un cor au pied!... » Onze heures et demie ayant sonné : « Mes enfants, dit Scribe tout à coup, allons nous coucher! je meurs d'envie de dormir, nous verrons demain matin!... » Le lendemain, à midi, après le déjeuner, Scribe nous lisait ce second acte, allégé, égayé, un peu dépoétisé, mais plus vif, plus amusant, tel enfin qu'il est resté, c'est-à-dire le meilleur de l'ouvrage! Voilà ce que c'est que le conseil dans l'art dramatique, et je n'ai pas craint de m'attarder à ce récit parce qu'il vous peint ce génie si plein de ressources qui s'appelait Scribe, et ce loyal ami si plein de clairvoyance qui s'appelait Mahérault.

La mort de Scribe emporta une partie de la vie de Mahérault ; mais il était de ceux chez qui la vitalité est si puissante que la perte d'un membre reporte toute la force de la partie amputée sur les membres restants. La passion du collectionneur hérita de la mise en disponibilité de l'administrateur et des loisirs du conseiller. Les estampes, les gravures, les dessins, les collections, les bibliothèques prirent chacun de ses moments. Il n'avait jamais été si occupé que depuis qu'il n'avait rien à faire. Il se plongea de plus en plus dans l'étude artistique du dix-huitième siècle. Pas un amateur qu'il ne connût, pas un riche portefeuille qu'il ne visitât, pas un catalogue qu'il n'étudiât et n'annotât, pas une vente où il n'assistât. On le rencontrait dans tous les coins de Paris, toujours pressé, pâle, long, mince, à peine incarné, tout semblable avec sa barbe blanche, ses yeux bleus, à la fois interrogateurs et myopes, et son paletot à moitié boutonné, à un personnage de sa collection, à un caractère, à un dessin d'artiste. Ses journées se divisaient en trois parties : voir, écrire et aller au spectacle. Oh ! du côté de ce goût-là, pas une défaillance ! Il avait commencé à aller au théâtre à deux ans, comme on sait, il y allait encore presque tous les soirs à plus de quatre-vingts. Scribe lui avait fait donner ses petites et ses grandes entrées partout ; il allait partout : opéras, comédies, vaudevilles, mélodrames, représentations, répétitions, il ne laissait rien échapper ! Ajoutez qu'il arrivait toujours au lever du rideau. Chez lui, les jours de spectacle, le dîner était servi plus tôt, tant il craignait de manquer une scène. Il était de cette race de Voltaire, nerveuse, fiévreuse, électrique, qui n'a que juste assez de substance musculaire pour que cela les porte, et que cela ne les gêne pas à porter. Un jour, à la répétition d'une pièce de son gendre, M. de Najac, — il avait alors quatre-vingt-deux ans, — il enjamba un banc si lestement, que M. Saint-Germain, qui a autant d'esprit en causant qu'en jouant, dit à l'auteur : « Je viens de voir votre gamin de beau-père qui sautait du parterre dans l'orchestre. » A la fin de sa vie, son docteur lui ayant défendu les sorties du soir, son gendre était tenu, à chaque première représentation, d'entrer dans sa chambre après le spectacle, fût-il minuit, et de lui donner le détail de la soirée. Il ne pouvait pas attendre jusqu'au lendemain. Avec cela, le cœur éternellement jeune comme le corps et l'esprit. Le caractère aussi également aimable que s'il n'avait pas eu d'imagination ! Sa fille, sa collection et Paris, voilà les trois objets de ses dernières adorations ! Auber n'était pas plus Parisien que lui ; il suivait à la lettre le conseil de La Fontaine :

« *Il ne voyageait qu'aux rives prochaines* », Bellevue, Saint-Cloud,Séricourt, il n'allait guère au delà, et encore avec quel esprit de retour ! Quand Paris fut assiégé, Mahérault refusa obstinément de s'éloigner malgré ses soixante-quinze ans : « J'ai dû trop de joies à Paris, écrivait-il, pour le quitter quand il est malheureux ! D'ailleurs, qui sait si, malgré mon grand âge, je ne pourrai pas encore être utile ? » Il le fut. Son courage, sa charité, sa force d'espérance grossirent ce trésor de vertus publiques et privées qui firent de Paris, pendant cinq mois, un chapitre de l'Évangile, et du siège de Paris l'honneur de la France.

J'ai fini, mais en finissant une réflexion me vient à l'esprit. J'ai parlé dans ces pages de gens connus, même célèbres, et je n'ai dit d'eux que du bien. J'ai interrogé leurs secrets, j'ai fouillé leur correspondance, et je n'en ai rien tiré qui pût les amoindrir. Pas le plus léger scandale! Des amis qui s'aiment, des confrères qui s'aident, des lettres qui font honneur à ceux qui les écrivent, et en fait d'*Inconnues,* pas autre chose que quelques bonnes actions tenues secrètes par ceux qui les avaient faites... A quoi ai-je pensé de prendre un pareil sujet? Exhumer des morts illustres pour les faire aimer davantage; ce n'est pas de notre temps.

www.ingramcontent.com/pod-product-compliance
Ingram Content Group UK Ltd.
Pitfield, Milton Keynes, MK11 3LW, UK
UKHW020950220726
13924UKWH00002B/601

9 782014 447187